ふんわり、しっとり
至福の米粉スイーツ

小麦粉、卵、乳製品、白砂糖を使わない
グルテンフリーレシピ

今井ようこ

家の光協会

はじめに

この本の米粉のお菓子は、卵や乳製品、白砂糖を使わず、
私のお菓子作りやお料理のベースになっているマクロビオティック、
ビーガン仕様のものになっています。

考え方や食べ方は人それぞれ。
卵や乳製品、白砂糖が悪いものというわけではけっしてありません。
ただ、やはり、食べるもので体や心はつくられるので、
より負担の少ないもの、自分に違和感のないものを選んで食べたいなと日々思っています。

昨今、アレルギーで卵や乳製品を使ったお菓子が食べられないというお話もよく聞きます。
そんな方々にも、このレシピ本がお役に立つとよいなという思いで、
今回の米粉のお菓子は、小麦粉を使わない（グルテンフリー）だけでなく、
動物性食品も使用せず、なるべく、国産のもの、添加物などが入っていないもの、
オーガニックのものを材料に選んでレシピ作りをしました。

米粉で作るお菓子は、小麦粉で作るお菓子よりも、作り方はとても簡単です。
粉をふるう手間もないし、グルテンがないので、混ぜ方や型入れに気をつかわなくていい。
でも、クッキーやタルトなどの生地は乾きやすいので、作業は手早く、を心がけてください。
ケーキ類の生地感も、混ぜているときにゴムべらから伝わる感触に気を配って、
ざらっと感がなくなるまで混ぜる、を意識してください。

米粉は配合や火入れの違いによって本当にいろいろな食感に変化します。
ふんわり、しっとり、もちもち、サクサク、小麦粉にはない風味と楽しさです。
ぜひ、このさまざまな変化に富んだ米粉のお菓子を楽しんで作っていただきたいです。

今井ようこ

contents

はじめに ……………………………………………………… 2
米粉で、いろいろなお菓子が作れます ……………………… 6
この本で使う、グルテンフリーの基本の材料 ……………… 7
この本で使う、基本の道具 …………………………………… 8

米粉のお菓子をおいしくするプラスα
豆腐クリーム ………………………………………………… 9
クランブル／酒粕クリーム ………………………………… 10
スパイスアプリコットジャム／手作りあんこ …………… 11

ホールケーキ
りんごのケーキ ……………………………………………… 12
スパイスアプリコットケーキ ………………………… 14, 16
キャロットケーキ ……………………………………… 15, 17

パウンドケーキ
抹茶のマーブルパウンドケーキ …………………………… 18

スクエアケーキ
ベリークランブルケーキ …………………………………… 20

ブラウニー
バナナブラウニー …………………………………………… 22

マフィン
レモンとピスタチオのマフィン …………………………… 24
ブルーベリーココナッツマフィン ………………………… 26
ココアマフィンケーキ ……………………………………… 28

スコーン
バナナピーカンスコーン ……………………………… 30, 32
かぼちゃスコーン ……………………………………… 31, 33

クッキー
スパイスきな粉クッキー …………………………………… 34
はちみつハーブクッキー …………………………………… 36
オートミールセサミクッキー ……………………………… 38
チョコチップジンジャークッキー ………………………… 38
ほろほろカカオニブクッキー ……………………………… 40
フロランタン ………………………………………………… 42

クラッカー
ハーブのクラッカー ………………………………………… 44
あおさのクラッカー ………………………………………… 44

ビスコッティ
カシューナッツとカルダモンのビスコッティ ……… 46, 48
紅茶のビスコッティ チョコがけ ……………………… 47, 49

グリッシーニ
酒粕グリッシーニ …………………………………………… 50

グラノーラ
米粉入りグラノーラ ………………………………………… 52

グラタン
フルーツグラタン クランブルのせ …………………… 54, 56
さつまいもとかぼちゃの酒粕グラタン ……………… 55, 57

フラン
りんごのフラン …………………………… 58

タルト
バナナナッツの巻き込みタルト ………… 60, 62
ぶどうの巻き込みタルト ………………… 61, 63
チョコサンドタルト ……………………… 64
ドライフルーツサンドタルト …………… 64
フレッシュフルーツタルト ……………… 66

パンケーキ
パンケーキ 豆腐クリーム添え ………… 68
バナナパンケーキ ………………………… 70

クレープ
プレーンクレープ ………………………… 72
黒ごまクレープ …………………………… 72

ワッフル
あんこ＆酒粕クリームのワッフル ……… 74
豆腐クリーム＆
　スパイスアプリコットジャムのワッフル … 74

ドーナツ
さつまいものドーナツ …………………… 76

フリット
フルーツのココナッツフリット ………… 78

蒸しケーキ
コーングリッツとレモンの蒸しケーキ … 80
モカ蒸しケーキ …………………………… 82
栗とウーロン茶の蒸しケーキ …………… 84, 86
あんこ入り蒸しケーキ …………………… 85, 87

レアチーズケーキ
酒粕レアチーズケーキ …………………… 88

プリン
とろとろプリン …………………………… 90
ココアプリン ……………………………… 92

アイスクリーム
ピーナッツアイスクリーム ……………… 94
あずきココナッツアイスクリーム ……… 94

＊計量単位は、小さじ1＝5㎖、大さじ1＝15㎖、1カップ＝200㎖です。
＊オーブンは、電気オーブンを使っています。ガスオーブンでも本書の温度と時間で焼いてください。ただし、温度と焼き時間は目安です。熱源や機種によって多少差があるので、様子をみながら加減してください。

米粉で、いろいろな
お菓子が作れます

米粉は、「製菓用米粉」を使用します。なるべく粒子が細かいものを選びましょう。グルテンが配合された「製パン用米粉」は避けます。

　米粉はその名のとおり、米を製粉したもの。もち米から作られる米粉は昔から、まんじゅう、せんべいなど和菓子に使われてきました。今は、うるち米から作られる粒子の細かい米粉で、洋菓子や米粉パンなどもおいしく作れるようになっています。小麦アレルギーの人でも米粉のお菓子なら安心して食べることができ、米がもつ自然な甘みが加わった新しい味わいが楽しめます。

　米粉の最大の特徴は、小麦粉と違ってグルテンがないので、生地をグルグル混ぜてもかたくなりにくいこと、ダマにならないのでふるう必要がないこと。お菓子作りが気軽にできます。

1　オーブンで焼いて

ケーキ、マフィン、タルトなどは、米粉ならではのおいしさがストレートに味わえるのが魅力。スコーン、クッキー、クラッカーはサクッと香ばしく、そのほかにビスコッティ、グリッシーニ、グラノーラなども作れます。また、米粉でとろみをつけたソースをかけて、グラタンやフランも。

2　フライパンで焼いて

米粉を使うと、しっとり&なめらかな食感。パンケーキ、クレープ、ワッフルなどがおすすめ。

3　油で揚げて

米粉は油を吸いづらいので、ドーナツがカラッと仕上がり、軽い食べ心地になります。また、フリットの衣に米粉を使うと、揚げたてはもちろん、冷めてからもサクサク感が長続きします。

4　蒸し器で蒸して

米粉の主成分はでんぷん。吸水性が高いので、もちもちでしっとりとした食感になります。蒸しパンサイズのものから、パウンド型や丸型で蒸したものまで、おいしくでき上がります。

5　冷蔵庫で冷やして

米粉でとろみをつけたプリンやアイスクリーム、米粉と寒天で冷やしかためたレアチーズケーキなどが作れます。

焼き菓子は冷凍保存ができます

1個ずつ(または1切れずつ)ラップで包み、ジッパーつき保存袋に入れて冷凍庫に入れておけば、2週間保存可。食べるときは170℃のオーブンで温め直します。

この本で使う、グルテンフリーの基本の材料

この本で紹介するお菓子はグルテンフリー。
さらに、卵、バター、牛乳、生クリーム、白砂糖を使わず、
植物性の材料だけで作ります。ここでは、
米粉のほかによく使う、基本の材料を紹介します。

粉類

焼き菓子や蒸しケーキの生地などは、アーモンドパウダー、片栗粉、ベーキングパウダーを米粉と組み合わせて使います。アーモンドパウダーはアーモンド100％のピュアパウダー、片栗粉は国内産の有機馬鈴薯で作ったもの、ベーキングパウダーはアルミニウムフリーのもの。

油

基本的には米油を使いますが、バターのようなコクのある仕上がりにしたいときはココナッツオイル、香りや風味をつけたいときは上質のエキストラバージンオリーブオイルを使います。

甘み

基本的にはてんさい糖を使いますが、コクや風味を出したいときはブラウンシュガー、仕上げの粉糖代わりに、てんさいグラニュー糖を使います。また、油や豆乳など液体と合わせるときは、やわらかい甘さの国産米あめ、100％天然由来のメープルシロップやアガベシロップなどを。

木綿豆腐、豆乳、酒粕

パンケーキ、ブラウニーなど、しっとりとした生地を作るときに使うのが木綿豆腐。豆乳は牛乳代わり、酒粕はチーズ代わりに使います。木綿豆腐、酒粕は昔ながらの製法でまっとうに作られたもの、豆乳は成分無調整のものを。

チョコレート、カカオ

チョコチップ、カカオニブ、カカオマスは生地に入れ、ビターチョコレートは溶かしてトッピングに使います。カカオニブは、カカオ豆をローストして砕いたもの。カカオマスはカカオニブをさらに殺菌、焙煎して細かく粉砕し、ペースト状にしてかためたもの。

ナッツとドライフルーツ

くるみ、カシューナッツ、ココナッツフレークなどのナッツ、ドライクランベリー、レーズン、ドライアプリコットなどのドライフルーツは、お菓子をよりおいしくするアイテム。味や食感などのアクセントに使います。いずれも、できるだけオーガニックのものを。

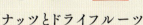

ハーブとスパイス

ローズマリーやタイムなどのフレッシュハーブ、カルダモンパウダー、シナモンパウダー、ジンジャーパウダー、バニラビーンズ、スターアニス、シナモンスティック、クローブなどのスパイスは、味や香りに奥行きを出します。いずれも、できるだけオーガニックのものを。

この本で使う、基本の道具

はかる、混ぜる、泡立てる、のばす……など、
お菓子を作るときにそろえておきたい道具がこちら。
そのほか、あると便利なのは、
タイマー、カード、ケーキクーラーなどです。

電子スケール
お菓子作りはまずは計量が大切。より正確に計量できるよう、1mg単位で表示できるものを。ボウルをのせたら0gにセットし、そこへ材料を入れていけば、洗い物が増えません。

計量カップ、計量スプーン
計量カップは200㎖（1カップ）まではかれるものがあればOK。計量スプーンは15㎖（大さじ）、5㎖（小さじ）の2本あればよいですが、さらに小さい2.5㎖（小さじの半分）があっても。カップ、スプーンともに、素材、形は好みのもので。

ボウル
生地を混ぜたり、こねたり、泡立てたり……と、なにかと使うのがボウル。熱が伝わりやすく丈夫なステンレス製がおすすめ。同時進行で使うこともあるので、サイズの違うものを2〜3個用意。

ゴムべら
生地を混ぜたりかき集めたりするときに使います。ゴムに弾力があって、先がある程度やわらかいものを。少量の材料を混ぜるのに小サイズのものもあると便利。

泡立て器
液体や生地を混ぜ合わせるときに使います。泡立て部分のふくらみがある程度大きくて、持ちやすいものを。

スティックミキサー
豆腐クリームを作ったり、煮たドライフルーツをペースト状にしたり、アイスクリームを攪拌して空気を含ませたりするときに使います。ミキサーやフードプロセッサーよりも手軽。

めん棒
生地をのばすとき、クラッカーなどを砕くときに使います。長さ25cmくらいで、端から端まで同じ太さのものを。

オーブンシート
型に敷き込んだり、生地をのばすときに敷いたり、天板に敷いたり……と、さまざまなシーンで活躍。ロール状になっているものを用意し、必要に応じた大きさに切って使います。

型
この本で使うのは、丸型、タルト型、パウンド型、スクエア型、マフィン型、マフィン型の代わりに使える紙製のカップケーキ型。クッキーの抜き型は好みのものが数種あるといい。

米粉のお菓子を
おいしくするプラスα

覚えておきたい
豆腐クリーム

豆腐を使ったクリーミーでやさしい甘さのクリーム。
生クリーム代わりに、デコレーションやトッピングなどに使います。

[材料・作りやすい分量]
木綿豆腐 … 1丁
バニラビーンズ（ナイフで種をこそげ、さやも取っておく） … 1〜2cm
メープルシロップ … 大さじ3〜4
無調整豆乳 … 大さじ1½〜2

[作り方]
1 鍋に湯を沸かして豆腐を入れ、豆腐が少し揺れるくらいの火加減で5分ほどゆでる。
2 ザルに上げて水気をきる。
3 2をペーパータオルではさんで、バットの上にのせ、
　重し（バットに缶詰3個をのせた程度の重さ）をし、30分〜1時間おいて水きりをする。
4 重しを取るとこんな感じ。
5 4を計量カップなどに入れ、バニラビーンズの種、メープルシロップ、豆乳を加える。
6 スティックミキサーで撹拌する。豆腐のもともとのかたさや水きり加減でクリームの
　やわらかさが変わるので、豆乳は一気に入れず、様子をみながら足していく。
7 なめらかなクリームになってツヤが出たらでき上がり。
8 取っておいたバニラのさやを刺しておくと、香りが移ってよりおいしくなる。
　冷蔵庫で4〜5日（夏は2日）保存可。

米粉のお菓子をおいしくするプラスα

覚えておきたい クランブル

小麦粉を使わない、グルテンフリーのクランブル。
ケーキやグラタンのトッピングなどに使います。

1   *2*   *3*   *4*   *5*

[材料・作りやすい分量]
米粉 … 20g
アーモンドパウダー … 20g
てんさい糖 … 20g
米油 … 大さじ3くらい

[作り方]
1. ボウルに米粉、アーモンドパウダー、てんさい糖を入れて混ぜる。
2. 米油を少しずつ加えながら、指先で混ぜていく。
3. 少しずつポロポロの状態にしていく。
4. 指を広げて米油を散らすようにして混ぜる。
5. でき上がり。これが最もシンプルなもの。ここにアーモンドスライスを加えることも。

覚えておきたい 酒粕クリーム

チーズのようなコクと香りのクリーム。
ケーキの仕上げやワッフルのフィリングなどに使います。

1   *2*   *3*   *4*   *5*

[材料・作りやすい分量]
酒粕 … 30g
水 … 30㎖
カシューナッツ … 20g
レモンの搾り汁 … 大さじ2
木綿豆腐（湯きりしたもの、p.9豆腐クリームの作り方 1〜4参照）… 100g
メープルシロップ … 大さじ2
白みそ … 小さじ½

[作り方]
1. カシューナッツは、ひたひたの水につけて30分ほどおき、やわらかくする。
2. 鍋に酒粕と水を入れて中火にかけ、なじませながら混ぜる。
3. フツフツしてきたら弱火にし、混ぜながら1分ほど煮る。焦がさないように注意。
4. 計量カップなどに3を移し、水気を切った1、レモンの搾り汁、湯きりした豆腐、メープルシロップ、白みそを入れる。
5. スティックミキサーで撹拌してなめらかにする。

> 米粉のお菓子を
> おいしくするプラスα

(覚えておきたい) スパイスアプリコットジャム

スパイスの香りが特徴のジャム。
クレープやワッフルなどと組み合わせて使います。

1   *2*   *3*

［材料・作りやすい分量］
ドライアプリコット … 100g
水 … 200mℓ
メープルシロップ … 大さじ3
シナモンスティック … ½本
スターアニス（八角）… 1個
クローブ … 2粒

［作り方］
1 ドライアプリコットは2cm角に切り、ほかの材料とともに鍋に入れて
中火にかけ、沸騰したら弱火にして10分ほど煮る。ボウルに移して冷ます。
2 1からシナモンスティック、スターアニス、クローブを取り出し、
計量カップなどに移し、スティックミキサーで撹拌してペースト状にする。
3 冷蔵庫で30〜40日保存可。

(覚えておきたい) 手作りあんこ

すっきりとした甘さのあんこ。
ワッフルにはさんだり、アイスクリームに使います。

1   *2*   *3*   *4*   *5*

［材料・作りやすい分量］
あずき（乾燥）… 1カップ
水 … 2½〜3カップ
米あめ … 大さじ5〜6
てんさい糖 … 大さじ3〜4
塩 … ふたつまみ

［作り方］
1 あずきは洗い、水とともに圧力鍋に入れ、強火にかける。
沸騰してきたらふたをし、圧がかかったら弱火で25分ほど煮る。
2 火を止めて圧が抜けるまでおき、ふたを取る。あずきがやわらかくなり、
鍋を傾けると水分が少し出てくるくらいがちょうどよい。
3 2に米あめ、てんさい糖を加えて中火にかけ、あまりグルグル
かき混ぜないようにして煮る。
4 全体的にとろっとし、鍋底を木べらなどでかいて
底が見えるようになるくらいまで煮る。塩を加えて味を締める。
5 バットなどに移して広げ、表面が乾かないようにラップをかけ、
冷ましながら落ち着かせる。

ホールケーキ

りんごのケーキ

米粉とアーモンドパウダーを使った
ベーシックな生地は、しっとりとした食べ心地。
メープルシロップをからめたナッツの香ばしさと
食感がアクセントです。
りんごの種類は好みでOK、秋なら紅玉を使っても。

ホールケーキ

[材料] 直径15cmの丸型1台分

A｜米粉 … 120g
　｜アーモンドパウダー … 60g
　｜片栗粉 … 35g
　｜ブラウンシュガー … 50g
　｜ベーキングパウダー … 小さじ1½
B｜無調整豆乳 … 130mℓ
　｜米油 … 75mℓ
　｜メープルシロップ … 大さじ2
C｜ヘーゼルナッツ … 20g
　｜アーモンドスライス … 15g
　｜メープルシロップ … 大さじ2
りんご … ¾個

[下準備]
- Cのヘーゼルナッツは半分に切る。
- 型にオーブンシートを敷き込む。
- オーブンは170℃に予熱する。

[作り方]
1. Aをボウルに入れ、ゴムべらで均一に混ぜる。
2. Bを別のボウルに入れ、泡立て器でよく混ぜる。
3. Cを別のボウルに入れ、ナッツにメープルシロップをからめる。
   りんごは皮つきのまま縦2～2.5cm厚さのくし形に切り、芯を除く。
4. 1に2を加え、ゴムべらでよく混ぜ合わせる。
5. 型に4を流し入れ、表面をならす。
6. りんごをランダムにのせる。
7. 3のナッツを全体に散らしながらのせる。
8. 170℃のオーブンで20分ほど焼き、160℃に下げて20分ほど焼く。
   竹串を刺して何もついてこなければ焼き上がり。粗熱を取って型からはずし、冷ます。

スパイスアプリコットケーキ

シナモン、アニス、クローブ入りのシロップで煮たスパイスアプリコットが
おいしさの決め手。生地には、まろやかな甘さでコクのあるてんさい糖を使います。
アーモンド入りのクランブルをのせて、サクッとした食感を楽しみます。

→ 作り方は16ページ

ホールケーキ

キャロットケーキ

にんじん、レーズン、くるみ。相性のよいトリオを生地に混ぜ込んだホールケーキ。
シナモン、ジンジャー、カルダモンのほのかな香りが生地のおいしさを引き立てます。
仕上げに酒粕クリームをたっぷりとぬると、華やかな印象になります。

→ 作り方は17ページ

スパイスアプリコットケーキ

[材料] 直径15cmの丸型1台分

A 米粉 … 150g
　アーモンドパウダー … 75g
　片栗粉 … 30g
　てんさい糖 … 50g
　ベーキングパウダー … 小さじ2
　レモンの皮のすりおろし … 1個分

B 無調整豆乳 … 150mℓ
　米油 … 75mℓ

C ドライアプリコット … 100g
　水 … 200mℓ
　メープルシロップ … 大さじ3
　シナモンスティック … ½本
　スターアニス（八角） … 1個
　クローブ … 2粒

D 米粉 … 15g
　アーモンドパウダー … 15g
　てんさい糖 … 15g
　アーモンドスライス … 20g
　米油 … 大さじ2くらい

[下準備]
- Cのドライアプリコットは2cm角に切る。
- 型にオーブンシートを敷き込む。
- オーブンは170℃に予熱する。

[作り方]
1. スパイスアプリコットを作る。Cを鍋に入れて中火にかけ、沸騰したら弱火にして10分ほど煮る。そのまま冷まし、冷めたらスパイス類を除く。
2. アーモンド入りクランブルを作る。Dの米油以外をボウルに入れて混ぜ、米油を少しずつ加えながら混ぜていく。そぼろ状になるまで混ぜる。
3. Aを別のボウルに入れ、ゴムべらで均一に混ぜる。
4. Bを別のボウルに入れて泡立て器でよく混ぜ合わせ、3に加える。
5. ゴムべらで混ぜ合わせて、なめらかな生地にする。
6. 1の汁気をきって加え、混ぜ合わせる。型に流し入れ、表面をならす。
7. 2をのせ、170℃のオーブンで20分ほど焼き、160℃に下げて25分ほど焼く。竹串を刺して何もついてこなければ焼き上がり。粗熱を取って型からはずし、冷ます。

キャロットケーキ

[材料] 直径15cmの丸型1台分

A 米粉 … 150g
　アーモンドパウダー … 50g
　片栗粉 … 30g
　てんさい糖 … 50g
　ベーキングパウダー … 小さじ2
　シナモンパウダー … 小さじ1
　ジンジャーパウダー … 小さじ¼
　カルダモンパウダー … 小さじ¼
　塩 … ひとつまみ

B 米油 … 大さじ5
　メープルシロップ … 大さじ2
　無調整豆乳 … 120mℓ

くるみ … 30g
レーズン … 20g
にんじん … 80g
酒粕クリーム（p.10参照）… 適量

[下準備]
- くるみは130〜140℃のオーブンで10分ほどローストし、粗く砕く。レーズンは粗く刻む。にんじんはせん切りにする。
- 型にオーブンシートを敷き込む。
- オーブンは170℃に予熱する。

[作り方]
1. Aをボウルに入れ、ゴムべらで均一に混ぜる。
2. Bを別のボウルに入れて泡立て器でよく混ぜる。
3. 1に2を加えてゴムべらで混ぜる。
4. なめらかな生地にする。
5. くるみ、レーズン、にんじんを加えて混ぜ合わせる。
6. 型に流し入れて表面をならし、170℃のオーブンで20分ほど焼き、160℃に下げて25分ほど焼く。
7. 竹串を刺して何もついてこなければ焼き上がり。粗熱を取って型からはずす。
8. 冷めたら酒粕クリームをたっぷりとぬる。

パウンドケーキ

抹茶のマーブルパウンドケーキ

米粉とアーモンドパウダーのクリーム色の生地に
抹茶色の生地を混ぜ込んだ、
目にも鮮やかな2色使いのケーキです。
生地を混ぜるときに完全に混ぜ合わせず、
マーブル状にするのがポイント。
パウンド型のほか、丸型で焼いてもOK。

パウンドケーキ

[材料] 縦15×横7.5×高さ6cmの
　　　パウンド型1台分

A 米粉 … 100g
　アーモンドパウダー … 50g
　片栗粉 … 30g
　てんさい糖 … 50g
　ベーキングパウダー … 小さじ1
　塩 … ひとつまみ

B 米油 … 大さじ4
　メープルシロップ … 大さじ2
　無調整豆乳 … 120mℓ

C 抹茶 … 大さじ1
　無調整豆乳 … 大さじ2

[下準備]
・型にオーブンシートを敷き込む。
・オーブンは170℃に予熱する。

[作り方]
1　Cをボウルに入れてゴムべらで混ぜ合わせ、なめらかにしておく。
2　Aを別のボウルに入れ、ゴムべらで均一に混ぜる。
3　Bを別のボウルに入れて泡立て器で混ぜ、2に加える。
4　よく混ぜてなめらかな生地にする。
5　1に4の半量を加え、ゴムべらでよく混ぜる。
6　5を4のボウルに戻し入れる。
7　ゴムべらで2〜3回切るように混ぜ、マーブル状にする。混ぜすぎるとマーブル状にならなくなるので注意。
8　型に流し入れて表面をならし、170℃のオーブンで30〜35分焼く。竹串を刺して何もついてこなければ焼き上がり。粗熱を取って型からはずし、冷ます。

[スクエアケーキ]

ベリークランブルケーキ

生地の上にベリー類をたっぷりとちりばめ、
クランブルをのせて焼き上げた、
ほんのり甘酸っぱく、愛らしいケーキです。
ベリーは数種類を混ぜて使うのがポイント。
ここでは、いちご、ブルーベリー、ラズベリー。
ほかのものを使ってもOKです。

スクエアケーキ

［材料］18×18cmのスクエア型1台分

A 米粉 … 150g
アーモンドパウダー … 75g
片栗粉 … 45g
てんさい糖 … 60g
ベーキングパウダー … 小さじ1½

B 米油 … 大さじ4
メープルシロップ … 大さじ2
無調整豆乳 … 150㎖

C 米粉 … 20g
アーモンドパウダー … 20g
てんさい糖 … 20g
米油 … 大さじ3くらい

いちご、ラズベリー、ブルーベリー
… 合わせて200g
メープルシロップ … 大さじ2

［下準備］
- 型にオーブンシートを敷き込む。
- オーブンは170℃に予熱する。

［作り方］

1 いちごはヘタを取って縦半分に切る。ラズベリーも縦半分に切る。ブルーベリーはそのまま。
2 Cを混ぜ合わせてクランブルを作る（p.10参照）。
3 Aをボウルに入れ、ゴムべらで均一に混ぜる。
4 Bを別のボウルに入れ、泡立て器でよく混ぜる。
5 3に4を加え、よく混ぜ合わせる。
6 型に流し入れて表面をならす。
7 ベリー類を全体に散らしてのせ、メープルシロップをかけ、2のクランブルをのせる。
8 170℃のオーブンで30分ほど焼く。竹串を刺して何もついてこなければ焼き上がり。粗熱を取って型からはずし、冷ます。

ブラウニー

バナナブラウニー

ビターな風味にナッツの香ばしさが身上の
ブラウニーに、バナナを入れて仕上げます。
米粉、水きり豆腐、豆乳、米油を使った生地は、
コクがあるのにあっさりとした食べ心地。
トッピングのピーナッツソースと
チョコソースでリッチなテイストに。

［材料］28×23cmの天板1枚分

A｜米粉 … 200g
　｜アーモンドパウダー … 140g
　｜ココアパウダー … 60g
　｜てんさい糖 … 80g
　｜ベーキングパウダー … 小さじ2
B｜木綿豆腐（水きりしたもの）… 100g
　｜米油 … 150㎖
　｜メープルシロップ … 120㎖
　｜無調整豆乳 … 200㎖
　｜カカオマス … 50g
C｜ピーナッツバター（無糖）… 大さじ2
　｜メープルシロップ … 大さじ1
　｜無調整豆乳 … 大さじ2
バナナ … 2½～3本
メープルシロップ … 適量
製菓用ビターチョコレート … 適量

［下準備］
- 豆腐はペーパータオルに包んで重しをし、30分ほどおいてしっかりと水きりをする。
- 天板にオーブンシートを敷き込む。
- オーブンは170℃に予熱する。

［作り方］
1　Cのピーナッツバターとメープルシロップをボウルに入れ、ゴムべらで混ぜ、豆乳を加えてさらに混ぜ、なめらかにしておく。
2　Bのカカオマスをボウルに入れて湯せんで溶かす。残りのBを別のボウルに入れ、カカオマスを加える。
3　スティックミキサーで攪拌してなめらかにする。
4　Aをボウルに入れてゴムべらで均一に混ぜ、3を加える。
5　よく混ぜ合わせてなめらかにする。
6　天板の四隅に5を適量ずつおいてオーブンシートがずれないようにし、残りの5を全体に入れて表面をならす。
7　バナナは縦半分に切って長さを半分にし、6にのせ、バナナにメープルシロップをかける。1をゴムべらですくってかける。
8　170℃のオーブンで25～30分焼く。竹串を刺して何もついてこなければ焼き上がり。粗熱を取って型からはずし、冷めたら、湯せんで溶かしたチョコレートをかける。

マフィン

レモンと
ピスタチオのマフィン

米粉で作るマフィンは少しもっちりとした食感で
味わい深いのが魅力。
ここではレモンの皮とレモンの果汁を入れて、
爽やかに仕上げます。
レモンとピスタチオの相性もぴったりで、
クセになるおいしさです。

[材料] 直径5.5cmのマフィン型7〜8個分

A 米粉 … 120g
　片栗粉 … 20g
　アーモンドパウダー … 60g
　てんさい糖 … 40g
　ベーキングパウダー … 小さじ1
　塩 … ひとつまみ
　ピスタチオ … 10g
　レモンの皮 … 1個分

B 米油 … 大さじ4
　メープルシロップ … 大さじ2
　無調整豆乳 … 120mℓ
　レモンの搾り汁 … 20mℓ

C アーモンドスライス … 25g
　米あめ … 適量

ピスタチオ（刻んだもの）… 適量
レモン（すりおろしたもの）… 適量

[下準備]
- マフィン型に紙カップを入れる。
- オーブンは165℃に予熱する。

[作り方]

1　Cのアーモンドスライスをボウルに入れ、アーモンドスライス全体にからむくらいの量の米あめを加えて混ぜる。
2　Aのピスタチオは細かく刻み、レモンの皮はすりおろすか細かく刻む。残りのAとともにボウルに入れ、ゴムべらで均一に混ぜる。
3　Bを別のボウルに入れ、泡立て器でよく混ぜ合わせる。
4　2に3を加える。
5　ゴムべらでよく混ぜ合わせる。
6　5の生地を型に九分目くらいまで流し入れ、1をのせる。
7　165℃のオーブンで25分ほど焼く。竹串を刺して何もついてこなければ焼き上がり。粗熱を取って型からはずし、冷ます。ピスタチオとレモンを散らす。

ブルーベリー
ココナッツマフィン

ブルーベリーのプチッとした食感と
フルーティーな味わいが楽しめる、
マフィンの定番。
米粉で作ると食べごたえ十分。さらに
生地にココナッツファインを入れることで
奥行きのある味わいに仕上がります。

[材料] 直径7cmのマフィン型6個分

A 米粉 … 130g
　片栗粉 … 15g
　アーモンドパウダー … 50g
　ココナッツファイン … 35g
　てんさい糖 … 35g
　ベーキングパウダー … 小さじ1
　塩 … 少々

B 米油 … 大さじ4
　メープルシロップ … 大さじ3
　無調整豆乳 … 120mℓ
　ブルーベリー … 80g
C ココナッツファイン … 25g
　米あめ … 適量

[下準備]
- マフィン型に紙カップを入れる。
- オーブンは165～170℃に予熱する。

[作り方]
1. Aをボウルに入れ、ゴムべらで均一に混ぜる。
2. Bを別のボウルに入れて泡立て器でよく混ぜる。
3. 1に2を加える。
4. ゴムべらでよく混ぜ合わせ、なめらかな生地にする。
5. ブルーベリーを加えてさっくりと混ぜる。
    冷凍のブルーベリーを使う場合は、あまり混ぜすぎない。
6. 5の生地を型に九分目くらいまで流し入れる。
7. Cを混ぜて6の上にのせ、165～170℃のオーブンで25～30分焼く。竹串を刺して何もついてこなければ焼き上がり。粗熱を取って型からはずし、冷ます。

ココア
マフィンケーキ

マフィン型で作るカップケーキです。
米粉で作った濃厚なココア生地に
ほんのりスパイスを利かせ、
小さいながらも深い味わい。
豆腐クリームとベリーをトッピングすると、
味のバランスも絶妙！

[材料] 直径5.5cmのマフィン型6〜7個分
A 米粉 … 50g
　アーモンドパウダー … 60g
　ココアパウダー … 15g
　てんさい糖 … 45g
　ベーキングパウダー … 小さじ1½
　カルダモンパウダー … 小さじ⅓
　シナモンパウダー … 小さじ¼
　クローブ … 少々
　塩 … 少々
B 米油 … 大さじ3
　メープルシロップ … 大さじ1½
　カカオマス … 10g
　無調整豆乳 … 90㎖
豆腐クリーム（p.9参照） … ½量
いちご … 6〜7個

[下準備]
- マフィン型に紙カップを入れる。
- オーブンは160〜170℃に予熱する。

[作り方]
1　Aをボウルに入れ、ゴムべらで均一に混ぜる。
2　カカオマス以外のBを別のボウルに入れ、泡立て器で混ぜる。
3　Bのカカオマスを別のボウルに入れて湯せんで溶かし、2に加えてよく混ぜ合わせる。
4　1に3を加える。
5　ゴムべらでよく混ぜ合わせ、なめらかな生地にする。
6　型に九分目くらいまで流し入れ、160〜170℃のオーブンで20分ほど焼く。
7　竹串を刺して何もついてこなければ焼き上がり。粗熱を取って型からはずし、冷ます。
8　豆腐クリームを星口金で絞り、ヘタを取ったいちごをのせる。

バナナピーカンスコーン

米粉で作ったスコーン生地を円形にまとめ、放射状に切り分けて焼き上げます。
表面サクッ、中はしっとり。ペースト状にしたバナナと刻んだバナナを使い、
べたつかない程度にまとめてオーブンへ入れるのがポイントです。

→ 作り方は32ページ

スコーン

かぼちゃスコーン

蒸してホクホクになったかぼちゃ、
かぼちゃと相性のいい
レーズンとくるみを入れた、
重量感のあるスコーン。
生地を長方形に整えたら、
側面を少し切って上にのせ、
それを裏返して焼くと、
全体に厚みが出て
さっくりとした食感が楽しめます。

→ 作り方は33ページ

バナナピーカンスコーン

［材料］6個分

- A 米粉 … 150g
  - アーモンドパウダー … 30g
  - 片栗粉 … 15g
  - てんさい糖 … 20g
  - ベーキングパウダー … 小さじ1½
  - 塩 … 少々
- 米油 … 大さじ3
- B バナナ … 50g
  - 木綿豆腐（水きりしたもの）… 40g
  - 無調整豆乳 … 50㎖
- C ピーカンナッツ … 50g
  - バナナ … 50g
- てんさいグラニュー糖 … 適量

［下準備］
- 豆腐はペーパータオルに包んで重しをし、30分ほどおいてしっかりと水きりをする。
- ピーカンナッツは粗く砕く。
- Cのバナナは縦半分に切ってから5mm厚さに切る。
- オーブンは170℃に予熱する。

［作り方］

1 Aをボウルに入れてゴムべらで混ぜ、米油を加える。
2 粒々がなくなってサラサラとした状態になるまで、指先で混ぜる。
3 Bを計量カップなどに入れ、スティックミキサーで撹拌する。
4 2に3を少し残して加え、ゴムべらで切るように混ぜる。
5 Cを加え、さっくりと混ぜる。
6 手で混ぜてひとまとめにする。まとまりづらかったら、残しておいた3を入れる。
  べたつくようなら米粉（分量外）を適宜足し、べたつかない程度のかたさにする。
7 3cm厚さの丸形に整え、オーブンシートの上に移し、6等分の放射状に切り分ける。
  シートごと天板にのせ、焼いたときに生地同士がくっつかないように間を空ける。
8 てんさいグラニュー糖をふり、170℃のオーブンで20〜25分焼く。
  網などにのせて粗熱を取る。

かぼちゃスコーン

[材料] 8個分

A
- 米粉 … 200g
- アーモンドパウダー … 45g
- てんさい糖 … 40g
- ベーキングパウダー … 小さじ2
- 塩 … ひとつまみ

米油 … 大さじ4

B
- かぼちゃ（蒸したもの）… 120g
- 木綿豆腐（水きりしたもの）… 40g
- 無調整豆乳 … 50mℓ

- レーズン … 50g
- くるみ … 30g

C
- かぼちゃの種 … 15g
- 米あめ … 大さじ1

[下準備]
- かぼちゃは種とワタを取って適当な大きさに切り、蒸し器でやわらかくなるまで蒸す。
- 豆腐はペーパータオルに包んで重しをし、30分ほどおいてしっかりと水きりをする。
- くるみは130～140℃のオーブンで10分ほどローストし、粗く砕く。
- オーブンは170℃に予熱する。

[作り方]

1. Bを計量カップなどに入れ、スティックミキサーで攪拌してペースト状にする。
2. Aをボウルに入れてゴムべらで混ぜ、米油を加えてサラサラな状態になるまで混ぜ、1を少し残して加える。
3. ゴムべらで切るように混ぜ、全体に混ざったら、レーズン、くるみを加える。
4. 全体にムラがないように、手でしっかりと混ぜる。
5. ひとまとめにする。まとまりづらかったら、残しておいた1や豆乳（分量外）を適宜入れる。べたつくようなら米粉（分量外）を適宜足し、べたつかない程度のかたさにする。
6. 台の上に取り出して長方形に整え、側面を少し切り、切った部分を上に均等にのせる。
7. 6を裏返し、8等分に切り分ける。オーブンシートを敷いた天板にのせ、焼いたときに生地同士がくっつかないように間を空ける。
8. Cを混ぜて7の上にのせ、170℃のオーブンで20～25分焼く。網などにのせて粗熱を取る。

クッキー

スパイスきな粉クッキー

米粉で作ったクッキーは香ばしくって歯ごたえがよく、いつ食べても飽きないおいしさ。まずは、作るのも食べるのも楽しい、型抜きクッキーを紹介。生地にシナモン、ジンジャー、きな粉を入れ、甘みにはメープルシロップも加えて香りよく仕上げます。

［材料］3〜4cm四方のもの20〜30枚分

A
- 米粉 … 80g
- 片栗粉 … 10g
- アーモンドパウダー … 20g
- てんさい糖 … 30g
- きな粉 … 10g
- シナモンパウダー … 小さじ1
- ジンジャーパウダー … 小さじ1

B
- 米油 … 大さじ3
- メープルシロップ … 大さじ1
- 無調整豆乳 … 大さじ1
- 塩 … 少々

［下準備］
- オーブンは160〜170℃に予熱する。

［作り方］

1. Aをボウルに入れ、ゴムべらで均一に混ぜる。
2. Bを別のボウルに入れ、泡立て器でよく混ぜ合わせる。
3. 1に2を加え、ゴムべらで切るように混ぜる。
4. 手で混ぜてひとまとめにする。まとまりづらかったら
   メープルシロップ（分量外）を適宜足し、やわらかすぎたら米粉（分量外）を適宜足す。
5. 指で押したときにそのまま跡がつき、手にべとつかない程度のかたさにする。
6. 天板に入る大きさにオーブンシートを切り、5をシートの上に移す。
   乾燥しないようにラップを広げてのせ、めん棒で3〜4mm厚さにのばす。
   ラップを取って、好きな型を数種類使って抜く。
7. 型の間の生地を竹串などを使っていねいに除く。
   除いた生地は再度丸めてのばし、抜き型で抜く。
8. オーブンシートごと天板にのせ、160〜170℃のオーブンで15〜20分焼く。
   網などにのせて粗熱を取る。

はちみつハーブクッキー

使う粉類はいたってシンプル、
油分は米油、甘みははちみつ。
生地を丸めて指で成形し、ハーブをのせて
焼くだけの簡単レシピです。
ハーブは好みのものでOK。
フレッシュなものを使うと香りが立ちます。

[材料] 16枚分
A | 米粉 … 30g
  | アーモンドパウダー … 20g
  | 片栗粉 … 10g
  | 塩 … ひとつまみ
B | 米油 … 小さじ4
  | はちみつ … 小さじ5
好みのハーブ
  (タイム、ローズマリー、ディルなど) … 適量

[下準備]
- オーブンは155℃に予熱する。

[作り方]
1 Aをボウルに入れ、ゴムべらで均一に混ぜる。
2 Bを別のボウルに入れ、ゴムべらでよく混ぜ合わせる。
3 1に2を加え、ゴムべらで切るように混ぜる。
4 手で混ぜて、ひとつにまとめる。
5 天板にオーブンシートを敷き、4の生地を16等分にしておき、それぞれ丸める。
6 真ん中から押さえて平たくする。中央が少し高くなり、縁が薄くなるようにする。
7 ハーブを小さくちぎってくっつけ、155℃のオーブンで10分ほど焼き、150℃に下げて5分ほど焼く。網などにのせて粗熱を取る。

a

オートミール
セサミクッキー

オートミール、ごま、くるみの心地よい
歯ごたえを楽しむ、大判クッキー。
ゴムべらで表面をならしながら
筋をつけておくと、おいしそうな
表情に焼き上がります。

b

チョコチップ
ジンジャークッキー

チョコとしょうがの相性は二重丸。しょうがは生のものをすりおろし、
米油と混ぜてから加えると粉とのなじみがよく、
香りと辛み、清涼感が味わえます。

クッキー

a

［材料］直径8〜9cmのもの約4枚分
A 米粉 … 50g
 オートミール … 20g
 白炒りごま … 25g
 くるみ … 20g
 てんさい糖 … 20g
 ベーキングパウダー … 小さじ¼
 塩 … ふたつまみ
B ココナッツオイル … 大さじ2
 メープルシロップ … 大さじ1
 無調整豆乳 … 大さじ1

［下準備］
- くるみは粗く砕く。
- オーブンは160℃に予熱する。

［作り方］
1 Aをボウルに入れ、ゴムべらで均一に混ぜる。Bを別のボウルに入れ、泡立て器でよく混ぜる。
2 AのボウルにBを加え、ゴムべらで混ぜてひとまとめにする。
3 天板にオーブンシートを敷き、2を4等分にして間隔を空けておき、ゴムべらでならす。ならしながら筋をつける。
4 160℃のオーブンで20〜22分焼く。網などにのせて粗熱を取る。

1　　　2　　　3　　　4

b

［材料］直径約4cmのもの18〜20枚分
A 米粉 … 40g
 アーモンドパウダー … 20g
 片栗粉 … 10g
 塩 … ひとつまみ
 ベーキングパウダー … 小さじ½
B 米油 … 大さじ2
 しょうがのすりおろし … 25g
チョコチップ … 30g
アーモンド … 30g
メープルシロップ … 大さじ2〜3

［下準備］
- アーモンドは粗く砕く。
- オーブンは160℃に予熱する。

［作り方］
1 Aをボウルに入れ、ゴムべらで均一に混ぜる。
2 Bを別のボウルに入れて混ぜ、1に加え、切るように混ぜてなじませる。
3 2にチョコチップ、アーモンドを加えて混ぜ、メープルシロップを入れてひとまとめにする。
4 天板にオーブンシートを敷き、3を18〜20等分にして間隔を空けて並べ、軽く整える。160℃のオーブンで20〜22分焼き、網などにのせて粗熱を取る。

1　　　2　　　3　　　4

ほろほろ
カカオニブクッキー

ひと口頬張るとさっくり、
ほろほろっとした食感が特徴のクッキー。
ココナッツオイルを使うことでコクが出るのが魅力です。
風味はチョコレート、でも甘くはないカカオニブを用いて、
大人味に仕上げます。

[材料] 24〜25枚分
A ｜ 米粉 … 50g
　｜ アーモンドパウダー … 30g
　｜ てんさい糖 … 10g
　｜ 片栗粉 … 20g
　｜ ベーキングパウダー … 小さじ½
　｜ 塩 … ひとつまみ
　｜ カカオニブ* … 10g
　｜ アーモンドスライス … 15g
B ｜ ココナッツオイル … 大さじ3
　｜ メープルシロップ … 大さじ2
　｜ 無調整豆乳 … 大さじ1

*カカオニブ……カカオ豆をローストして砕いたもの。

[下準備]
- アーモンドスライスは粗く砕く。
- オーブンは160℃に予熱する。

[作り方]
1 Aをボウルに入れ、ゴムべらで均一に混ぜる。
2 Bを別のボウルに入れ、泡立て器で混ぜ合わせる。
3 1に2を少し残して加える。
4 ゴムべらで混ぜながら、なじませる。
5 手で混ぜてひとまとめにする。まとまりづらかったら残しておいた2を足し、さらに豆乳(分量外)を適宜加える。やわらかすぎたら米粉(分量外)を適宜足す。
6 5を3×4cm角の棒状にし、ラップできっちりと包み、冷蔵庫で2時間ほど冷やしかためる。
7 ラップを取って1cm弱の厚さに切る。
8 オーブンシートを敷いた天板に間隔を空けて並べ、160℃のオーブンで15分ほど焼き、150℃に下げて10〜15分焼く。網などにのせて粗熱を取る。

[材料] 18×18cmのスクエア型1台分

A 米粉 … 80g
アーモンドパウダー … 50g
片栗粉 … 25g
てんさい糖 … 15g
塩 … ひとつまみ

B 米油 … 大さじ4
メープルシロップ … 大さじ2
無調整豆乳 … 大さじ2

C 米あめ … 大さじ2½
メープルシロップ … 大さじ2½
無調整豆乳 … 大さじ1½
ココナッツオイル … 大さじ1½

アーモンドスライス … 60g
くるみ … 20g
マカダミアナッツ … 30g

[下準備]
- くるみ、マカダミアナッツは小さめに砕く。
- 型に合わせてオーブンシートを切り、型の底面に合わせて折り目をつける。
- オーブンは170℃に予熱する。

[作り方]

1 Aをボウルに入れ、ゴムべらで均一に混ぜる。
2 Bを別のボウルに入れて泡立て器でよく混ぜ、1に加え、ゴムべらで混ぜてなじませる。
3 手で混ぜてひとまとめにする。
4 3をオーブンシートの上に移し、乾燥しないようにラップを広げてのせ、
めん棒で18cm四方にのばす。
5 ラップをはずしてオーブンシートごと型に入れ、フォークで生地全体を刺す。
170℃のオーブンで15～20分、軽く表面に焦げ目がつくまで焼く。
6 Cを鍋に入れて火にかけ、フツフツとしてから1分ほど煮る。
アーモンド、くるみ、マカダミアナッツを入れて混ぜ合わせる。
7 6を、から焼きした5の上に手早くのせて全体に広げる。
オーブンの温度を180℃に上げて、全体がきつね色になるまで15～20分焼く。
8 粗熱を取って型からはずし、食べやすい大きさに切り分ける。

クッキー

フロランタン

米粉を使った生地をから焼きし、
キャラメリゼしたナッツをたっぷりとのせて焼き上げた焼き菓子です。
ナッツは、アーモンド、くるみ、マカダミアナッツの3種を使ったちょっぴり豪華版。
米粉生地のおいしさとともにナッツの香りを存分に楽しみます。

[クラッカー]

ハーブのクラッカー
あおさのクラッカー

米粉で作るクラッカーはカリッと香ばしく、軽い食べ心地。
米粉のおいしさがストレートに楽しめるのが魅力です。
ここでは、ハーブとあおさ、ふたつの味を紹介。
あおさの代わりに青のりを使っても。

[材料] 28×23cmの天板各2枚分

A 米粉 … 100g
　アーモンドパウダー … 30g
　片栗粉 … 40g
　てんさい糖 … 小さじ¼
　塩 … 小さじ½
　オリーブオイル … 大さじ3
　ハーブ（ディル、タイム、ローズマリー）
　　… 合わせて10g
　水 … 大さじ4〜5

B 米粉 … 100g
　アーモンドパウダー … 30g
　片栗粉 … 40g
　てんさい糖 … 小さじ¼
　塩 … 小さじ½
　オリーブオイル … 大さじ3
　あおさ … 10g
　白炒りごま … 大さじ1½
　水 … 大さじ4〜5

[下準備]
- ハーブはみじん切りにする。
- あおさは手で細かくちぎる。
- オーブンは150〜155℃に予熱する。

1　2　3　4
5　6　7　8

[作り方]

1　Aでハーブのクラッカーを作る。オリーブオイル、水、ハーブ以外の材料をボウルに入れて指で均一に混ぜ、オリーブオイルを加え、さらに混ぜる。
2　ハーブを加えて均一に混ぜる。
3　水を加えて混ぜ合わせ、ひとまとめにする。
4　オーブンシートの上にのせ、半分に切る。この半分で天板1枚分の生地になる。
5　4の生地にラップを広げてのせ、めん棒で1mmくらいの厚さにのばす。
6　ラップをはずし、フォークを全体に刺して穴をあけ、2〜3cm四方に切り目を入れる。
7　オーブンシートごと天板にのせ、好みで塩、こしょう各少々（分量外）をふる。150〜155℃のオーブンで25〜30分焼き、粗熱を取る。残りの生地も同様にして焼く。
8　Bであおさのクラッカーを作る。作り方2でハーブの代わりにあおさとごまを入れ、あとはハーブのクラッカーと同様にして作る。

ビスコッティ

カシューナッツと
カルダモンのビスコッティ

ビスコッティは、かまぼこ形に焼いた生地を切り分け、
側面を再度焼いて作る、かた焼きビスケット。
米粉で作るとより素朴なおいしさが味わえます。
そのまま食べるのはもちろん、
コーヒーや食後酒に浸していただくのもおすすめ。

→ 作り方は48ページ

紅茶のビスコッティ チョコがけ

紅茶の茶葉を入れて
焼き上げたビスコッティに、
ビターチョコレートをコーティング。
若草色のピスタチオをトッピングして
愛らしく仕上げます。
紅茶は、ここではダージリンを
使いましたが、好みのものでOK。

→ 作り方は49ページ

カシューナッツと
カルダモンのビスコッティ

[材料] 12枚分

A 米粉 … 80g
　アーモンドパウダー … 30g
　片栗粉 … 20g
　てんさい糖 … 20g
　カルダモンパウダー … 小さじ2
　ベーキングパウダー … 小さじ½
　塩 … ひとつまみ

B ココナッツオイル … 大さじ2
　無調整豆乳 … 大さじ3
カシューナッツ … 30g

[下準備]
- カシューナッツは粗く刻む。
- オーブンは160℃に予熱する。

[作り方]

1　Aをボウルに入れ、ゴムべらで均一に混ぜる。
2　1にカシューナッツを加えて混ぜ合わせる。
3　Bを別のボウルに入れて泡立て器でよく混ぜ、少し残して2に加える。
4　ゴムべらで切るように混ぜ合わせる。
5　手で混ぜてひとまとめにする。まとまりづらかったら、残しておいたBを加え、さらに豆乳(分量外)を適宜入れる。やわらかすぎたら米粉(分量外)を適宜足す。
6　6cm幅、20cm長さのかまぼこ形に整え、オーブンシートを敷いた天板にのせる。
7　160℃のオーブンで20分ほど焼き、いったん取り出し、温かいうちに1.5cm厚さに切る。
8　断面を上にして天板に並べ、150℃のオーブンで30分ほど焼き、裏返して、140℃のオーブンで15分ほど焼く。粗熱を取る。

紅茶のビスコッティ チョコがけ

[材料] 12枚分

A 米粉 … 80g
  アーモンドパウダー … 30g
  片栗粉 … 20g
  てんさい糖 … 20g
  紅茶（細かいもの）… 大さじ1
  ベーキングパウダー … 小さじ½
  塩 … ひとつまみ

B ココナッツオイル … 大さじ2
  無調整豆乳 … 大さじ3
製菓用ビターチョコレート … 適量
ピスタチオ（ローストしたもの）… 適量

[下準備]
● オーブンは160℃に予熱する。

[作り方]
1 Aをボウルに入れ、ゴムべらで均一に混ぜる。
2 Bを別のボウルに入れて泡立て器でよく混ぜ、少し残して1に加える。
3 ゴムべらで切るように混ぜ、手で混ぜてひとまとめにする。
  まとまりづらかったら、残しておいたBを加え、やわらかすぎたら米粉（分量外）を適宜足す。
4 6cm幅、20cm長さのかまぼこ形に整え、オーブンシートを敷いた天板にのせる。
  p.48の作り方7〜8を参照して同様に焼き上げる。粗熱を取る。
5 チョコレートを刻んで湯せんで溶かす。
6 4のビスコッティの片側半分に5をつける。
7 チョコレートの上にピスタチオを粗く刻んでのせ、チョコレートがかたまるまでおく。

グリッシーニ

酒粕グリッシーニ

米粉で作ったグリッシーニはカリッカリ。酒粕を入れることでチーズのような風味が加わり、コクのある味わいが楽しめます。そのままいただくのはもちろん、生ハムを巻いたり、豆腐クリーム（9ページ）をつけてもおいしい！

[材料] 15〜16本分

A ｜ 米粉 … 100g
　｜ アーモンドパウダー … 30g
　｜ ベーキングパウダー … 小さじ½
　｜ 塩 … 小さじ½
　｜ てんさい糖 … 小さじ½
　｜ 酒粕 … 50g
オリーブオイル … 大さじ2
水 … 30〜40mℓ

[下準備]
- オーブンは150℃に予熱する。

[作り方]

1. Aをボウルに入れて混ぜる。
2. 手で酒粕をよくすり込むようにして、均一に混ぜる。
3. オリーブオイルを加え、さらに手ですり混ぜる。
4. 水を加減しながら加え、手で混ぜ合わせる。
5. 全体がべたつかない程度にまとめる。これでグリッシーニの生地のでき上がり。
6. 天板2枚にオーブンシートを敷き、5を約15gずつに分割してのせ、1cm幅、18〜20cm長さの棒状にのばして並べる。
7. 150℃のオーブンで10分焼き、140℃に下げて10〜15分焼く。粗熱を取る。

グラノーラ

米粉入りグラノーラ

米粉、オートミール、ナッツ、ドライフルーツで作る、カリッとした歯ごたえが心地よい、体にうれしいグラノーラです。オートミールをよく炒るのがコツ。保存瓶に入れれば常温で5日ほどもつので、多めに作ってストックしておいても。

[材料] 作りやすい分量
オートミール（グルテンフリーのもの）… 1カップ
米粉 … 10g
好みのナッツ（カシューナッツ、マカダミアナッツ、
　アーモンドスライスなど）… 合わせて60～80g
A｜米あめ … 大さじ2
　｜メープルシロップ … 大さじ2
　｜ココナッツオイル … 大さじ1
　｜塩 … ひとつまみ
好みのドライフルーツ（レーズン、クランベリーなど）… 合わせて40g

[下準備]
- ナッツは130～140℃のオーブンで10分ほどローストし、カシューナッツ、マカダミアナッツは粗く刻む。
- オーブンは140～150℃に予熱する。

[作り方]
1. Aをボウルに入れ、ゴムべらで混ぜ合わせる。
2. フライパンにオートミールを入れ、強めの弱火でよく炒る。
3. 炒っている音が軽くなってきたら、米粉、ナッツを加え、さらに1～2分炒る。
4. 3に1を加えて混ぜ合わせる。
5. ツヤが出るまで2～3分よく混ぜながら炒る。
6. 天板にオーブンシートを敷き、5をのせて広げ、140～150℃のオーブンで25～30分焼く。焼き始めて5分ほどしたら、いったん取り出して混ぜ、さらに全体が乾くまで焼く。
7. 粗熱を取り、ドライフルーツを加えて混ぜる。

ヨーグルトにたっぷりのせて食べるのがおすすめ。

フルーツグラタン クランブルのせ

グラタン

フレッシュなフルーツにグルテンフリーのカスタード風ソースをかけて
オーブンで焼き上げた、温かいデザートです。フルーツは季節のものを
数種類組み合わせ、クランブルをのせて食感にアクセントをつけます。

→ 作り方は56ページ

グラタン

さつまいもと
かぼちゃの酒粕グラタン

フルーツグラタンと同じグルテンフリーのソースを、
ホクホクに蒸したさつまいもとかぼちゃにかけて焼き上げます。
米粉と酒粕で作ったクランブルをパン粉代わりに使い、
香ばしく仕上げるのがおいしさのポイントです。

→ 作り方は57ページ

フルーツグラタン クランブルのせ

［材料］直径14.5cmのグラタン皿5個分
A│米粉 … 20g
　│てんさい糖 … 大さじ2
　│無調整豆乳 … 250㎖
　│メープルシロップ … 大さじ3
　│バニラビーンズ … 2cm
フルーツ（柿、いちじく、ぶどうなど）＊ … 適量
B│米粉 … 40g
　│アーモンドパウダー … 40g
　│てんさい糖 … 40g
　│米油 … 大さじ5〜6
＊フルーツ……好みのもので。ここではひと皿につき、柿50g、いちじく45g、ぶどう3粒を使用。

［下準備］
● バニラビーンズはナイフで種をこそげ、さやも取っておく。
● オーブンは180℃に予熱する。

［作り方］
1　Aの米粉、てんさい糖を鍋に入れ、豆乳を少しずつ加えながらゴムべらで混ぜ、なじませる。
2　メープルシロップ、バニラビーンズの種とさやを加えて混ぜる。
3　2を中火にかけ、とろりとしてくるまで弱火で1〜2分煮る。
4　Bを混ぜ合わせてクランブルを作る（p.10参照）。
5　フルーツを食べやすい大きさに切り、グラタン皿に並べる。
6　3のソースを全体にかける。
7　4のクランブルをのせ、180℃のオーブンで10〜15分、クランブルに焼き色がつくまで焼く。

さつまいもとかぼちゃの酒粕グラタン

[材料] 直径20cmのグラタン皿1個分

A 米粉 … 20g
　てんさい糖 … 大さじ2
　無調整豆乳 … 250ml
　メープルシロップ … 大さじ3
　バニラビーンズ … 2cm
B 酒粕 … 25g
　米粉 … 25g
　アーモンドパウダー … 25g
　塩 … 小さじ1/4〜1/3
　米油 … 小さじ2

さつまいも … 200g
かぼちゃ … 200g
くるみ … 20g
レーズン … 15g

[下準備]
- バニラビーンズはナイフで種をこそげ、さやも取っておく。
- オーブンは180℃に予熱する。

[作り方]

1　さつまいもは皮つきのまま、かぼちゃは皮つきのまま種とワタを取り、蒸気の上がった蒸し器でやわらかくなるまで蒸す。それぞれ食べやすい厚さに切る。
2　Aはp.56の作り方1〜3を参照して同様にソースを作る。
3　Bの酒粕、米粉、アーモンドパウダー、塩をボウルに入れる。
4　酒粕が全体になじむように手ですり合わせる。
5　米油を入れ、手でさらにすり合わせる。
6　全体がパラパラな状態になるまで混ぜる。
7　グラタン皿に1を並べ入れ、くるみを砕いてのせ、レーズンを散らす。
8　2のソースをかけ、6をのせ、180℃のオーブンで10〜15分、焼き色がつくまで焼く。

りんごのフラン

フラン

米粉でとろみをつけたグルテンフリーのプリン生地と、
りんごの組み合わせ。オーブンから出したてのフワッとした感じは、
それだけでおいしそう。アツアツはもちろん、
冷めて味がなじんだところをいただくのもおすすめです。

［材料］直径9.5cmのココット3〜4個分
A ｜ 木綿豆腐（湯きりしたもの）… 150〜160g
　｜ ココナッツオイル … 大さじ2
　｜ アガベシロップ … 大さじ4
　｜ メープルシロップ … 大さじ2
　｜ カシューナッツ … 40g
米粉 … 大さじ1
無調整豆乳 … 150mℓ
バニラビーンズ … 3〜4cm
りんご … ¼個
てんさいグラニュー糖 … 適量

［下準備］
- 豆腐は熱湯で5分ほどゆで、ザルに上げて湯きりをする。
- カシューナッツは20分ほど水につけてふやかし、水気をきる。
- バニラビーンズはナイフで種をこそげ、さやも取っておく。
- オーブンは170℃に予熱する。

［作り方］
1. Aを計量カップなどに入れる。
2. スティックミキサーで攪拌して、なめらかにする。
3. 鍋に米粉、豆乳を入れ、ゴムべらで混ぜ合わせる。
4. 3にバニラビーンズの種とさやを加えて弱火にかけ、フツフツするまで温める。
5. 2に4を加えて混ぜ合わせる。
6. りんごを2〜3cm角に切り、ココットに入れ、5を流し入れる。
7. てんさいグラニュー糖を表面にふる。
8. 170℃のオーブンで、全体がふんわりして軽く焦げ目がつくまで15〜20分焼く。

タルト

バナナナッツの巻き込みタルト

米粉を使ったタルト生地はサクッ、
焼き色がしっかりとついたところはカリッ!
ここでは、そんなタルト生地でバナナを巻き込んだ、
型いらずのタルトを紹介します。
シナモンの風味とくるみのナッティーな香りが
食欲をそそります。

→ 作り方は62ページ

ぶどうの巻き込みタルト

60ページの巻き込みタルトの生地にフレッシュなローズマリーを加え、
2色のぶどうをたっぷりとのせ、四角く形作って焼き上げます。
型がいらないから簡単！ローズマリーのすがすがしい香りと
ぶどうのジューシーな甘みの組み合わせが素敵です。

→ 作り方は63ページ

バナナナッツの巻き込みタルト

[材料] 直径約20cmの丸形1台分

A 米粉 … 120g
　アーモンドパウダー … 50g
　片栗粉 … 20g
　てんさい糖 … 15g
　塩 … ふたつまみ
B ココナッツオイル … 大さじ5
　メープルシロップ … 大さじ3
　無調整豆乳 … 大さじ3

シナモンパウダー … 小さじ1
バナナ … 2〜2½本
C くるみ … 30g
　米あめ … 大さじ1
てんさいグラニュー糖 … 適量

[下準備]
● オーブンは190℃に予熱する。

[作り方]

1　Cをボウルに入れ、ゴムべらで混ぜ合わせておく。
2　Aをボウルに入れ、ゴムべらで均一に混ぜる。別のボウルにBを入れて泡立て器で混ぜ、少し残してAのボウルに加える。
3　ゴムべらで切るように混ぜ合わせ、さらに手で混ぜながらまとめていく。
4　まとまりづらかったら、残しておいたBや豆乳（分量外）を適宜足し、ひとつにまとめる。
5　4をオーブンシートの上に移し、ラップを広げてのせ、5mm厚さ、直径25cmほどに丸くのばす。
6　生地の縁3cmくらいの部分は少し薄めにのばす。
7　ラップをはずし、縁を残してシナモンパウダーをふり、バナナを1cm厚さに切ってのせ、縁を内側に折りたたむ。
8　生地にてんさいグラニュー糖をふり、バナナの上に1をのせる。
　190℃のオーブンで20〜25分焼き、冷ます。

ぶどうの巻き込みタルト

[材料] 約20×20cmの四角形1台分

A 米粉 … 120g
　アーモンドパウダー … 50g
　片栗粉 … 20g
　てんさい糖 … 15g
　塩 … ふたつまみ
　ローズマリー … 7g
B ココナッツオイル … 大さじ5
　メープルシロップ … 大さじ3
　無調整豆乳 … 大さじ3

ぶどう（色の違うもの2種）
　… 合わせて20〜25粒
てんさいグラニュー糖 … 適量
ローズマリー … 少々

[下準備]
- Aのローズマリーは細かく刻む。
- ぶどうは半分に切る。
- オーブンは190℃に予熱する。

[作り方]

1. ローズマリー以外のAをボウルに入れてゴムべらで均一に混ぜ、ローズマリーを加えて混ぜ合わせる。
2. Bを別のボウルに入れて泡立て器でよく混ぜ、少し残して1のボウルに加える。
3. ゴムべらで切るように混ぜ合わせ、さらに手で混ぜながらまとめていく。
4. まとまりづらかったら、残しておいたBや豆乳（分量外）を適宜足し、ひとつにまとめる。
5. 4をオーブンシートの上に移し、ラップを広げてのせ、5mm厚さ、25×25cmほどの四角形にのばす。
6. 生地の四つ角3cmくらいの部分は少し薄めにのばす。
7. ラップをはずし、生地の端から5cmくらい内側にぶどうの¾量をのせ、縁を内側に折りたたむ。
8. 残りのぶどうをのせ、生地にてんさいグラニュー糖をふり、190℃のオーブンで20〜25分焼く。焼き上がりにローズマリーをちぎって散らし、冷ます。

チョコサンドタルト
ドライフルーツサンドタルト

62ページや63ページと同じタルト生地で、
ミニサイズのタルトを作ります。
生地でフィリングをはさんで焼くタイプ。フィリングは
チョコ＆ナッツ、スパイスアプリコットの2種。
どちらもさっくりとしたタルト生地によく合います。

タルト

[材料] 各4個分

- A 米粉 … 120g
  アーモンドパウダー … 50g
  片栗粉 … 20g
  てんさい糖 … 15g
  塩 … ふたつまみ
- B ココナッツオイル … 大さじ5
  メープルシロップ … 大さじ3
  無調整豆乳 … 大さじ3
- C 製菓用ビターチョコレート … 25g
  カシューナッツ … 10g
  カルダモンパウダー … 小さじ¼弱
- D ドライいちじく … 30g
  ドライクランベリー … 10g
  ラム酒 … 大さじ2
  スパイスアプリコットジャム
  （p.11参照）… 40g

アーモンドスライス … 適量
てんさいグラニュー糖 … 適量

[下準備]
- チョコレート、カシューナッツはそれぞれ粗めに刻む。
- ドライいちじくは1〜1.5cm角に切る。
- オーブンは190℃に予熱する。

[作り方]

1. Cは混ぜ合わせておく。Dのドライいちじくとドライクランベリーはラム酒に浸してなじませ、スパイスアプリコットジャムを加えて混ぜておく。
2. Aをボウルに入れ、ゴムべらで均一に混ぜる。Bを別のボウルに入れて泡立て器で混ぜ、少し残してAのボウルに加える。
3. ゴムべらで切るように混ぜ合わせ、手で混ぜながらまとめていく。
4. まとまりづらかったら、残しておいたBや豆乳（分量外）を適宜足し、ひとつにまとめる。
5. 4の生地を半分に切り、一方は、オーブンシートにのせて、乾燥しないようにラップをかけて5mm厚さ、20×16cmにのばす。ラップをはずし、4等分に切ってCをのせる。
6. 半分に折り、縁にフォークを押しつけて閉じる。
7. もう一方の生地は、オーブンシートにのせ、ラップをかけて5mm厚さにのばす。ラップをはずし、直径10cmくらいのココットなどで抜き、Dをのせる。半分に折り、縁にフォークを押しつけて閉じる。
8. オーブンシートごと天板に並べ、チョコのほうにはアーモンドスライスをのせ、アプリコットジャムのほうにはてんさいグラニュー糖をふる。190℃のオーブンで15分ほど焼き、冷ます。

[材料] 直径18cmのタルト型(底が抜けるタイプ) 1台分

A 米粉 … 80g
　アーモンドパウダー … 35g
　片栗粉 … 15g
　てんさい糖 … 10g
　塩 … ひとつまみ
B ココナッツオイル … 大さじ3
　メープルシロップ … 大さじ2
　無調整豆乳 … 大さじ2
C アーモンドパウダー … 60g
　コーンスターチ … 15g
　てんさい糖 … 10g
　ベーキングパウダー … 小さじ1/3
　塩 … ひとつまみ
D ココナッツオイル … 大さじ2
　メープルシロップ … 大さじ1
　無調整豆乳 … 大さじ2
豆腐クリーム(p.9参照) … 全量
メロン … 1/4個
キウイフルーツ … 1個
ブルーベリー … 15粒

[下準備]
● オーブンは180℃に予熱する。

[作り方]

1 タルト生地の材料はAとB。p.62の作り方2〜4を参照して同様に作る。
2 オーブンシートの上に1を移し、ラップを広げてのせ、タルト型よりひと回り大きい丸形にのばす。ラップをはずし、生地の上にタルト型を下に向けておき、ひっくり返すようにして型に敷き込む。
3 底面、側面を指で押さえ、めん棒を型の上で転がして余分な生地を落とす。さらに生地をしっかり押さえ、全体にフォークで穴をあける。
4 Cをボウルに入れ、ゴムべらで均一に混ぜる。Dを別のボウルに入れて泡立て器で混ぜ、Cに加えて混ぜ合わせる。
5 3に4を入れて表面をならし、180℃のオーブンで20〜25分焼く。
6 焼き上がり。粗熱が取れたら型からはずし、冷ます。
7 豆腐クリームを全体にのせてならし、スプーンの先で豆腐クリームを丸くなるように整えてすくい、タルトの縁にスプーンを縦にして豆腐クリームを落とす。
8 メロンは乱切り、キウイフルーツは縦6等分に切って横半分に切る。7の上にランダムにのせ、ブルーベリーを散らす。

フレッシュフルーツタルト

タルト生地を型に敷き込み、その上にグルテンフリーのアーモンド生地をのせて
オーブンへ。ここまでできればあとは簡単、豆腐クリームと好きなフルーツで
飾りつけをします。今回はメロン、キウイフルーツ、ブルーベリーで。

［パンケーキ］

パンケーキ
豆腐クリーム添え

米粉と豆乳、豆腐で作るパンケーキはやさしい味わい。
ココナッツオイルで焼くことでバターを使ったようなテイストになります。
さらに、ココナッツオイルとメープルシロップでソテーしたりんご、
豆腐クリームを添えて、満足度100パーセントのひと皿に。

パンケーキ

[材料] 直径8〜9cmのもの4枚分
A 木綿豆腐（水きりしたもの）… 70g
　無調整豆乳 … 100ml
　てんさい糖 … 15〜20g
　塩 … ひとつまみ
B 米粉 … 80g
　片栗粉 … 15g
　ベーキングパウダー … 小さじ1
ココナッツオイル … 適量
りんご … ½個
C ココナッツオイル … 適量
　メープルシロップ … 適量
ピスタチオ（ローストしたもの）… 少々
豆腐クリーム（p.9参照）… 適量

[下準備]
・豆腐はペーパータオルに包んで重しをし、30分ほどおいてしっかりと水きりをする。
・ピスタチオは粗く刻む。

[作り方]
1 りんごは芯を取って薄いくし形に切る。フライパンにCのココナッツオイルとメープルシロップを1対2の割合で入れて熱し、りんごを入れてじっくりと焼く。
2 Aの豆腐と豆乳を計量カップなどに入れ、スティックミキサーで混ぜる。
3 ボウルにAのてんさい糖、塩を入れ、2を加えてゴムべらで混ぜる。
4 別のボウルにBを混ぜ合わせ、3に加える。
5 真ん中から外側に向かってグルグルと泡立て器で混ぜ、なめらかな生地にする。
6 フライパンにココナッツオイルを熱し、5を¼量ずつすくって入れ、直径8〜9cmに広げる。フツフツと穴があいて縁が乾いてきたら返し、1分30秒〜2分焼いて中まで火を通す。
7 器に盛り、1と豆腐クリームを添え、ピスタチオを粗く刻んでのせる。

バナナパンケーキ

68ページのパンケーキ生地にバナナを加えて甘さとコクをプラスし、ココナッツオイルで香ばしく焼き上げます。ローストしたナッツ、パッションフルーツ、ライムの皮のすりおろしで、ワンランク上のパンケーキに仕上がります。

[材料] 直径8〜9cmのもの4枚分

A
- 木綿豆腐（水きりしたもの）… 70g
- 無調整豆乳 … 100ml
- てんさい糖 … 15〜20g
- 塩 … ひとつまみ

バナナ … 100g

B
- 米粉 … 80g
- 片栗粉 … 15g
- ベーキングパウダー … 小さじ1

ココナッツオイル … 適量

バナナ、パッションフルーツ、
　マカダミアナッツ、メープルシロップ … 各適量
ライムの皮のすりおろし … 少々

[下準備]
- 豆腐はペーパータオルに包んで重しをし、30分ほどおいてしっかりと水きりをする。
- マカダミアナッツは130〜140℃のオーブンで10分ほどローストし、粗く刻む。

1　2　3　4

5　6　7

[作り方]

1　Aの豆腐と豆乳を計量カップなどに入れ、スティックミキサーで撹拌する。
2　バナナはフォークで粗くつぶす。
3　ボウルにAのてんさい糖、塩を入れ、1と2を加えてゴムべらで混ぜる。
4　Bを混ぜ合わせ、3に加える。
5　真ん中から外側に向かってグルグルと泡立て器で混ぜ、なめらかな生地にする。
6　フライパンにココナッツオイルを熱し、5を¼量ずつすくって入れ、直径8〜9cmに広げる。フツフツと穴があいて縁が乾いてきたら返し、1分30秒〜2分焼いて中まで火を通す。
7　器に盛り、輪切りにしたバナナ、種ごとすくい取ったパッションフルーツ、マカダミアナッツをのせる。メープルシロップをかけ、ライムの皮をすりおろしてかける。

パンケーキ

クレープ

プレーンクレープ
黒ごまクレープ

米粉、片栗粉、てんさい糖、豆乳で、
すっきりとした味わいのクレープを作ります。
プレーンタイプにはチョコソースとベリー類、黒ごまタイプには
豆腐クリームとジャムを添えて仕上げます。
好みでメープルシロップをかけても。

クレープ

[材料] 直径18cmのもの各5枚分

A
- 米粉 … 50g
- 片栗粉 … 10g
- てんさい糖 … 大さじ1
- 無調整豆乳 … 120㎖

B
- 米粉 … 50g
- 片栗粉 … 10g
- てんさい糖 … 大さじ1
- 無調整豆乳 … 120㎖
- 黒ごまペースト … 小さじ1½

米油 … 適量

C
- ラズベリー、ブルーベリー … 各適量
- 製菓用ビターチョコレート、てんさいグラニュー糖 … 各適量

D
- 豆腐クリーム(p.9参照) … 適量
- スパイスアプリコットジャム(p.11参照) … 適量

[下準備]
- Cのチョコレートは湯せんで溶かす。

[作り方]

1 プレーンクレープを焼く。豆乳以外のAをボウルに入れ、泡立て器で均一に混ぜる。

2 Aの豆乳を少しずつ加えて混ぜ合わせる。

3 フライパンをよく熱して米油をなじませ、一度フライパンを火からおろして温度を下げ、2の⅕量を流し入れて広げ、強めの弱火で焼く。縁がはがれてきて全体が乾いたら裏返し、20～30秒焼く。

4 同様にして残りも焼く。四つ折りにして器に盛り、Cのラズベリー、ブルーベリーをのせ、湯せんで溶かしたCのチョコレートをかけ、粉状にしたてんさいグラニュー糖をふる。

5 黒ごまクレープを焼く。Bの黒ごまペーストをボウルに入れ、Bの豆乳を少し加えて泡立て器でのばす。

6 残りの豆乳を少しずつ加えていき、ダマができないように混ぜる。

7 Bの米粉、片栗粉、てんさい糖を別のボウルに入れて混ぜ、6を少しずつ加えて泡立て器で混ぜ合わせる。

8 作り方3と同様にして焼く。四つ折りにして器に盛り、Dの豆腐クリームとスパイスアプリコットジャムを添える。

ワッフル

あんこ＆酒粕クリームのワッフル
豆腐クリーム＆スパイスアプリコットジャムのワッフル

卵を使っていないのにふんわり、米粉を使っているから少しもっちり。
ワッフルのような、どら焼きのような、おいしい生地が魅力です。
フィリングは2種類。どちらも絶妙の取り合わせ。クセになるおいしさです。

[材料] 各4個分
- A
  - 米粉 … 100g
  - てんさい糖 … 30g
  - ベーキングパウダー … 小さじ1½
  - 塩 … ひとつまみ
- B
  - 無調整豆乳 … 100mℓ
  - 米あめ … 大さじ1
  - 米油 … 小さじ2
  - 酢 … 小さじ1
- ココナッツオイル … 適量
- C
  - 手作りあんこ(p.11参照) … 適量
  - 酒粕クリーム(p.10参照) … 適量
- D
  - 豆腐クリーム(p.9参照) … 適量
  - スパイスアプリコットジャム(p.11参照) … 適量

1　2　3　4
5　6　7　8

[作り方]
1　Aをボウルに入れ、泡立て器で均一に混ぜる。
2　Bを別のボウルに入れ、泡立て器でよく混ぜ合わせる。
3　2を1の真ん中に加え、真ん中から外側に向かって
　　グルグルと泡立て器で混ぜ、なめらかな生地にする。
4　フライパンにココナッツオイルを熱し、
　　3をスプーンなどで⅛量ずつすくい、楕円形に流し入れる。
5　フツフツと穴があいて縁が乾いてきたら返し、1分ほど焼く。
6　焼き上がったらペーパータオルにのせて半分に折り、中にフィリングが
　　はさめるように形をつける。軽くラップで覆い、開かないようにクセをつける。
7　同様にして8枚焼き、そのまま乾かないようにして冷ます。
8　4枚にはCのあんこと酒粕クリームをはさみ、残り4枚にはDの豆腐クリームと
　　スパイスアプリコットジャムをはさむ。

ドーナツ

さつまいものドーナツ

生地の材料をボウルに入れて、
混ぜて、丸めて、揚げるだけの簡単レシピ。
米粉を使うと表面はサクッ、中はしっとり。
つい手を伸ばしたくなるおいしさです。
さつまいもの代わりにかぼちゃを使っても。

[材料] 8〜10個分
さつまいも … 50g
てんさい糖 … 20g
無調整豆乳 … 30〜40㎖
A 米粉 … 50g
　ベーキングパウダー … 小さじ½
B シナモンパウダー … 適量
　てんさいグラニュー糖 … 適量
揚げ油（米油）… 適量

[下準備]
- Bのシナモンパウダーとてんさいグラニュー糖は、1対3の割合で混ぜ合わせる。

[作り方]
1　さつまいもは皮つきのまま蒸気の上がった蒸し器に入れ、やわらかくなるまで蒸す。
2　熱いうちにボウルに入れてフォークでつぶし、皮は手でちぎる。
　 てんさい糖を加えて混ぜ、なじませる。
3　豆乳を加えて混ぜ合わせる。
4　別のボウルにAを入れて混ぜ合わせ、3に加えてゴムべらで混ぜる。
5　手でひとまとめにし、8〜10等分にして丸める。
6　揚げ油を170℃に熱して5を入れ、箸でときどき返しながら、3分ほどかけてきつね色に揚げる。
7　油をきり、熱いうちにBをまぶす。

フリット

フルーツの
ココナッツフリット

米粉とココナッツファイン、
ベーキングパウダーで作る衣はサクッ。
フルーツのおいしさを閉じ込めてくれるのが、
すごいところ。揚げる油は米油がおすすめ。
米油で揚げると軽い食感になります。

[材料] 作りやすい分量
A │ 米粉 … 大さじ6
  │ ココナッツファイン … 大さじ4
  │ ベーキングパウダー … 小さじ¼
  │ てんさい糖 … 小さじ2
  │ 水 … 大さじ4
アボカド、バナナ、パイナップル … 各適量
揚げ油（米油）… 適量

湯せんで溶かした製菓用
ビターチョコレートをかけても。

[作り方]
1 ボウルにAを入れる。
2 スプーンなどで混ぜ合わせ、フルーツにからむくらいの濃度にする。
3 アボカドは種を取って薄めのくし形に切り、皮を取る。
  バナナ、パイナップルはひと口大に切る。
4 揚げ油を180℃に熱し、アボカドを2の衣にくぐらせて入れ、
  箸でときどき返しながら色よく揚げる。
5 バナナ、パイナップルも4と同様に揚げる。
6 油をきり、好みでてんさいグラニュー糖（分量外）をふる。

コーングリッツと
レモンの蒸しケーキ

米粉入りの生地をパウンド型に入れて蒸し上げた、やさしい食感のケーキ。
見た目にも美しいレモン色のケーキをひと口頬張ると、
コーングリッツのつぶつぶ感とともに、
レモンの爽やかな香りがふわっと広がります。

蒸しケーキ

[材料] 縦15×横7.5×高さ6cmの
　　　　パウンド型1台分

A｜米粉 … 90g
　｜コーングリッツ* … 50g
　｜片栗粉 … 10g
　｜てんさい糖 … 15g
　｜ベーキングパウダー … 小さじ1
　｜塩 … ひとつまみ
レモンの皮のすりおろし … 1/2個分

B｜無調整豆乳 … 120mℓ
　｜メープルシロップ … 大さじ2
　｜米油 … 大さじ1
　｜レモンの搾り汁 … 大さじ1
レモンの薄切り … 3枚
C｜レモンの皮のすりおろし … 少々

*コーングリッツ……とうもろこしの胚乳を粗くひいたもの。
コーンミールより粗く、ザクザクとした食感。

[下準備]
- レモンの薄切りは、種を除いて半月形に切る。
- 型にオーブンシートを敷き込む。

[作り方]
1. レモンは、搾り汁、皮のすりおろし、薄切りを使い、レモンの味、香り、色、食感を存分に生かす。
2. Aをボウルに入れ、レモンの皮のすりおろしを加える。
3. ゴムべらで均一に混ぜる。
4. 別のボウルにBを入れ、泡立て器でしっかりと混ぜる。
5. 3に4を加え、ゴムべらでよく混ぜ合わせる。
6. 型に5を流し入れて表面をならす。
7. レモンの薄切りをのせる。
8. 7を蒸気の上がった蒸し器に入れ、30分ほど蒸す。竹串を刺して何もついてこなければ蒸し上がり。型からはずしてCをのせ、粗熱が取れたらオーブンシートをはずす。

蒸しケーキ

モカ蒸しケーキ

ココアパウダーとコーヒー、チョコチップを使った、モカ味の蒸しケーキ。
丸型に流して蒸し上げ、切り分けていただきます。
モチッとした食感は米粉ならでは。表面にのせたココナッツがアクセントです。

[材料] 直径15cmの丸型1台分

A | 米粉 … 100g
　| ココアパウダー … 10g
　| インスタントコーヒー（粉末）… 8g
　| アーモンドパウダー … 30g
　| 片栗粉 … 10g
　| てんさい糖 … 20g
　| ベーキングパウダー … 小さじ1½
　| 塩 … ひとつまみ

チョコチップ … 20g
B | 無調整豆乳 … 150㎖
　| メープルシロップ … 大さじ2
　| 米油 … 大さじ1
ココナッツロングまたはファイン … 適量

[下準備]
● 型にオーブンシートを敷き込む。

[作り方]

1　Aをボウルに入れ、ゴムべらで均一に混ぜる。
2　チョコチップを加えて混ぜ合わせる。
3　別のボウルにBを入れ、泡立て器でしっかりと混ぜる。
4　2に3を加え、ゴムべらでよく混ぜ合わせる。
5　型に4を流し入れて表面をならす。
6　ココナッツロングをのせ、蒸気の上がった蒸し器に入れ、30分ほど蒸す。
7　竹串を刺して何もついてこなければ蒸し上がり。型からはずし、粗熱が取れたらオーブンシートをはずす。

蒸しケーキ

栗とウーロン茶の蒸しケーキ

小さい耐熱容器に流し入れて蒸し上げる
手軽に作れるタイプ。
ウーロン茶と甘栗、クコの実を使って、
中国風カステラのイメージで仕上げます。
甘栗を大きめに切っておくと、食べるときに
ごろんと出てきて楽しい。

→ 作り方は86ページ

あんこ入り蒸しケーキ

プレーンな生地と手作りあんこを組み合わせた、
和風の蒸しケーキです。
耐熱容器に、生地、あんこ、生地の順に入れ、
生地であんこを包むようなイメージ。
蒸す前はサラッとしていますが、
蒸し上がりはふっくら、冷めてもおいしいまま！

→ 作り方は87ページ

栗とウーロン茶の蒸しケーキ

[材料] 直径8.5cmの耐熱容器5個分

A 米粉 … 100g
　アーモンドパウダー … 30g
　片栗粉 … 10g
　てんさい糖 … 10g
　ベーキングパウダー … 小さじ1
　ウーロン茶の茶葉 … 大さじ1
　塩 … ひとつまみ

B 無調整豆乳 … 130mℓ
　メープルシロップ … 大さじ2
　米油 … 大さじ1
むき甘栗 … 80g
クコの実 … 適量

[下準備]

- ウーロン茶の茶葉は刻んで細かくする。
- むき甘栗は手で半分に割る。
- 耐熱容器にオーブンシートを敷く。

[作り方]

1　Aをボウルに入れ、ゴムべらで均一に混ぜる。
2　別のボウルにBを入れ、泡立て器でしっかりと混ぜる。
3　1に2を加える。
4　ゴムべらでよく混ぜ合わせる。
5　耐熱容器に4の半量を流し入れ、甘栗の半量を入れる。
6　残りの4を流し入れ、残りの甘栗、クコの実をのせる。
7　蒸気の上がった蒸し器に入れ、13〜15分蒸す。
　　竹串を刺して何もついてこなければ蒸し上がり。容器からはずして粗熱を取る。

あんこ入り蒸しケーキ

[材料] 直径8.5cmの耐熱容器5個分

A 米粉 … 100g
  アーモンドパウダー … 30g
  片栗粉 … 10g
  てんさい糖 … 20g
  ベーキングパウダー … 小さじ1
  塩 … ひとつまみ

B 無調整豆乳 … 150㎖
  メープルシロップ … 大さじ1
  米油 … 大さじ1
  手作りあんこ (p.11参照)
    … 125〜150g
  くるみ … 10粒くらい

[下準備]
- くるみは手で半分に割る。
- 耐熱容器にオーブンシートを敷く。

[作り方]

1　Aをボウルに入れ、ゴムべらで均一に混ぜる。
2　別のボウルにBを入れ、泡立て器でしっかりと混ぜる。
3　1に2を加える。
4　ゴムべらでよく混ぜ合わせる。
5　耐熱容器に4の半量を流し入れ、容器の真ん中にあんこを25〜30gずつ入れる。
6　残りの4を流し入れ、くるみをのせる。
7　蒸気の上がった蒸し器に入れ、13〜15分蒸す。
　　竹串を刺して何もついてこなければ蒸し上がり。容器からはずして粗熱を取る。

酒粕レアチーズケーキ

酒粕、豆腐、豆乳ヨーグルトで作る、
チーズを使わないヘルシーなチーズケーキ。
米粉と粉寒天でとろみをつけるのが特徴です。
容器に流し入れて作るスタイルだからとっても気軽。
フルーツは季節のものをお好みで。

レアチーズケーキ

［材料］直径16cmの容器1台分
A｜木綿豆腐（湯きりしたもの）… 200g
　｜酒粕 … 30g
　｜りんごジュース
　｜　（ストレート果汁100％）… 70㎖
　｜メープルシロップ … 大さじ2
　｜アガベシロップ … 大さじ1
　｜レモンの搾り汁 … 大さじ2
　｜ココナッツオイル … 大さじ2
B｜米粉 … 大さじ2
　｜粉寒天 … 小さじ2
豆乳ヨーグルト（水きりしたもの）… 100g
米粉入りグラノーラ（p.52参照）… 60g
プラム、ラズベリー … 各適量
ミント、レモンの皮のすりおろし … 各少々

［下準備］
● 豆腐は熱湯で5分ほどゆで、ザルに上げて湯きりをする。
● ヨーグルトはペーパータオルを敷いたザルに入れて1時間ほどおき、水きりをする。

1　　　　　　2　　　　　　3　　　　　　4

5　　　　　　6　　　　　　7　　　　　　8

［作り方］
1　Aを計量カップなどに入れる。
2　スティックミキサーで攪拌して、なめらかにする。
3　グラノーラはポリ袋などに入れ、めん棒で軽くたたいて砕く。これを容器の底に敷く。
4　鍋にBを入れてゴムべらで混ぜ、少量の2を加えてなじませる。
　　さらに少量の2を加えてなじませ、なめらかになったら、残りの2を全部加えて混ぜ合わせる。
5　4を火にかけ、フツフツとしてきたら、ゴムべらで混ぜながら弱火で2～3分煮る。
6　ボウルに移し、底を氷水に当てて冷まし、水きりヨーグルトを加えて混ぜ合わせる。
7　グラノーラを敷いた3の容器に6を流し入れ、冷蔵庫に30分以上入れて冷やしかためる。
8　プラムをくし形に切り、ラズベリー、ミントとともに飾り、レモンの皮のすりおろしを散らす。

プリン

とろとろプリン

寒天やゼラチンなどでかためず、
米粉でとろみをつけただけの、やさしい口当たりの
クールデザート。豆乳の味とメープルシロップの
コクのある甘みは絶妙のコンビ。
ここではフルーツマリネをのせて、華やかに仕上げます。

プリン

[材料] ワイングラス4個分
A ┃ 米粉 … 30g
　┃ てんさい糖 … 30g
　┃ 塩 … ひとつまみ
　┃ 水 … 100㎖
　┃ 無調整豆乳 … 300㎖
　┃ メープルシロップ … 大さじ3
　┃ バニラビーンズ … 1.5cmくらい
好みのフルーツ（桃、甘夏など）… 合わせて100〜150g
B ┃ アガベシロップ、メープルシロップ … 合わせて大さじ2〜3
　┃ レモンの搾り汁 … 小さじ2〜3
　┃ キルシュまたはグランマルニエ … 大さじ1
レモンバーム（あれば）… 少々

[下準備]
• バニラビーンズはナイフで種をこそげ、さやも取っておく。

[作り方]
1 Aの米粉、てんさい糖、塩を鍋に入れ、水を少しずつ加えてゴムべらで混ぜ、なじませる。
2 豆乳を加え、メープルシロップ、バニラの種とさやを加えて混ぜる。
3 2を中火にかけ、フツフツしてきたら弱火にし、とろりとしてくるまで混ぜながら1〜2分煮る。焦げやすいので注意。
4 3をボウルに移し、ボウルの底を氷水に当て、混ぜながら冷ます。
5 粗熱が取れたらグラスに入れる。膜が張らないようにラップをふんわりとかけ、冷蔵庫で冷やす。
6 フルーツマリネを作る。鍋にBを入れて火にかけ、ひと煮立ちしたら、火を止めて冷ます。
7 桃と甘夏は皮をむいてひと口大に切り、ボウルに入れ、6を加えて混ぜ、1時間ほどマリネする。
8 7にレモンバームをちぎって加え、冷やした5にのせる。

ココアプリン

粉寒天を使ってゆるくかためた、つるんとしたのど越しの米粉のプリン。
コーヒーとココアパウダーで味に奥行きを出し、メープルシロップと
アガベシロップですっきりとした甘さに。豆腐クリームをのせて仕上げます。

[材料] 直径6.5cmのプリン型3個分

A ｜ 米粉 … 10g
　｜ 粉寒天 … 小さじ1
　｜ てんさい糖 … 10g
　｜ インスタントコーヒー（粉末）
　｜ 　… 小さじ½
　｜ ココアパウダー … 大さじ1

無調整豆乳 … 150mℓ
B ｜ メープルシロップ … 大さじ1
　｜ アガベシロップ … 大さじ1
豆腐クリーム（p.9参照）… 適量
さくらんぼ … 3個

[作り方]
1　Aを鍋に入れる。
2　豆乳を少しずつ加えながらゴムべらで混ぜ、全体になじませる。
3　Bを加えて混ぜ合わせる。
4　3を中火にかけ、とろみがついてフツフツしてきたら弱火にし、混ぜながら1～2分煮る。
5　4をボウルに移し、ボウルの底を氷水に当て、混ぜながら冷ます。
6　粗熱が取れたらプリン型に入れ、ラップをふんわりかけ、冷蔵庫で冷やしかためる。
7　型とプリンの間にへらなどを入れてすき間を作り、ひっくり返して器に盛る。
　　豆腐クリームをのせ、さくらんぼを飾る。

プリン

アイスクリーム

a ピーナッツアイスクリーム

ココナッツミルクと豆乳、ピーナッツバターを使った、濃厚な味わいのアイスクリーム。ピーナッツを加えて、つぶつぶ感も楽しみます。

b あずきココナッツアイスクリーム

ココナッツミルクと豆乳の生地にあんこを混ぜると、ちょっぴりアジアンテイスト。途中、何度か空気を入れるようにかき混ぜて、なめらかな口当たりに仕上げます。

アイスクリーム

[材料] 作りやすい分量
A｜米粉 … 15g
　｜塩 … ひとつまみ
　｜無調整豆乳 … 150㎖
B｜無糖ピーナッツバター … 大さじ4
　｜アガベシロップ … 大さじ2
　｜メープルシロップ … 大さじ2
ココナッツミルク … 150㎖
ピーナッツ … 15〜20g

[作り方]
1　Aを鍋に入れて、よく混ぜたBを加え、
　　ココナッツミルクを注ぎ入れて混ぜ合わせる。
2　中火にかけ、沸騰したら弱火にし、混ぜながら
　　1分ほど煮る。火からおろし、ピーナッツを刻んで加える。
3　容器に入れて冷まし、冷凍庫で冷やしかためる。
4　途中、何度か空気を入れるようにかき混ぜる。

1　　　　　2　　　　　3　　　　　4

b

[材料] 作りやすい分量
A｜ココナッツミルク … 200㎖
　｜無調整豆乳 … 100㎖
　｜メープルシロップ … 大さじ2
　｜アガベシロップ … 大さじ2
　｜米粉 … 15g
　｜塩 … ひとつまみ
手作りあんこ (p.11参照) … 250g

[作り方]
1　Aを鍋に入れて混ぜ合わせ、中火にかける。
　　沸騰したら弱火にし、混ぜながら1分ほど煮る。
　　火からおろし、あんこを加えて混ぜ合わせる。
2　容器に入れて冷まし、冷凍庫で冷やしかためる。
3　途中、何度か空気を入れるようにかき混ぜる。

1　　　　　2　　　　　3

今井ようこ　*Yoko Imai*

製菓学校を卒業した後、(株)サザビーリーグに入社、アフタヌーンティー・ティールームの商品企画・開発を担当。その後、独立。現在は商品開発やメニュー開発、パンやケーキの受注を行うほか、マクロビオティックをベースにした料理教室「roof」を主宰。著書に『Roofのごほうびクッキー』(文化出版局)、『いちばんやさしい米粉のおやつ』(家の光協会)などがある。

http://www.roof-kitchen.jp/
Instagram　arameroof

ふんわり、しっとり
至福の米粉スイーツ
小麦粉、卵、乳製品、白砂糖を使わないグルテンフリーレシピ

2018年10月20日　第1版発行
2022年 4 月 1 日　第7版発行

著者　今井ようこ	デザイン　高橋 良（chorus）
発行者　河地尚之	撮影　邑口京一郎
発行所　一般社団法人　家の光協会	スタイリング　佐々木カナコ
〒162-8448　東京都新宿区市谷船河原町11	編集　松原京子
電話　03-3266-9029（販売）	校正　安久都淳子
03-3266-9028（編集）	DTP制作　天龍社
振替　00150-1-4724	
印刷・製本　図書印刷株式会社	撮影協力　UTUWA
	tel 03-6447-0070

乱丁・落丁本はお取り替えいたします。定価はカバーに表示してあります。
©Yoko Imai　2018 Printed in Japan
ISBN978-4-259-56596-1 C0077